Mini-Pies

Köstliche Rezepte für süße und salzige Törtchen

Sidonie Pain

Fotografien von Tiphaine Birotheau

Ideen garant zum Genießen

MINI
PIES

Inhalt

MINI
P
I
E
S

Der richtige Teig

Wie wählt man ihn aus?

Goldbraun und knusprig, lecker und dick – der Teig ist das entscheidende Element eurer Pies. Wenn ihr keine Zeit habt, ihn selber zu machen – keine Panik! Im Handel gibt es sehr gute Fertigteigböden. Achtet nur darauf, dass sie mit Butter zubereitet wurden und von guter Qualität sind.

In diesen Rezepten werden Blätterteig, süßer und salziger Mürbeteig verwendet. In manchen Originalrezepten wird auch mit Filoteig gearbeitet.

Für salzige, aber auch für süße Rezepte kann man den **salzigen Mürbeteig** nehmen, der in jeder Küche verwendet wird. Er ist der einfachste und am schnellsten zubereitete Teig und bricht auch nicht so leicht.

Der süße Mürbeteig wird nur für Desserts verwendet. Er passt sehr gut zu Obst und anderen süßen Füllungen. Er ist aber etwas krümeliger als der salzige Mürbeteig und bricht leichter. Vor dem Ausrollen muss er unbedingt gekühlt werden, damit er sich gut verarbeiten lässt.

Der Blätterteig ist eine größere Herausforderung, denn man muss bestimmte Handgriffe beherrschen, um ihn zu verarbeiten. Hat man das geschafft, ist es aber nicht mehr schwer. Man braucht nur etwas mehr Zeit und Geduld, weil mehrere Schritte notwendig sind, damit die Blätterteigschichten gelingen, die diesen Teig so besonders machen. Diesen Teig nimmt man für besonders raffinierte Füllungen.

Süßer Mürbeteig

FÜR 500 G TEIG

125 g zimmerwarme Butter
250 g Mehl
1 Vanilleschote
125 g Zucker
1 Ei
1 Prise Salz

Die in Würfel geschnittene Butter und das Mehl in eine Schüssel geben und mit den Fingerspitzen zu einem krümeligen Teig verkneten. Die Vanilleschote längs aufschneiden, das Innere mit einem spitzen Messer auskratzen und mit dem Zucker und dem Salz vermischen. In die Mitte des Teigs eine Vertiefung drücken und den Zucker und das Ei hineingeben. Den Teig verkneten und zu einer Kugel formen. In Frischhaltefolie wickeln und für 1 Stunde in den Kühlschrank stellen. Erst zum Verarbeiten herausnehmen.

Salziger Mürbeteig

FÜR 500 G TEIG

150 g zimmerwarme Butter
1 Ei
300 g Mehl
1 kräftige Prise Salz
2 EL eiskaltes Wasser

Die Butter in kleine Würfel schneiden. Das Ei in einer Schüssel verquirlen. Das Mehl in eine andere Schüssel sieben, Salz zufügen und in die Mitte eine Vertiefung drücken. Butter, das verquirlte Ei und Wasser zufügen und alles sehr zügig zu einem Teig verkneten. Den Teig zu einer Kugel formen und in Frischhaltefolie wickeln. Vor dem Ausrollen 1 Stunde im Kühlschrank ruhen lassen.

Blätterteig

FÜR 500 G TEIG

250 g Mehl
100 ml eiskaltes Wasser
5 g Salz
250 g zimmerwarme Butter

Mehl, Wasser und Salz in einer großen Schüssel mischen. Den Teig zu einer Kugel formen, in Frischhaltefolie wickeln und 30 Minuten kühl stellen. Die Butter in kleine Stücke schneiden und mit einem Spatel weich rühren. Den Teig auf einer mit Mehl bestäubten Arbeitsfläche zu einem dicken Rechteck ausrollen. Die Butter in die Mitte geben und die Seiten so hochklappen, dass sie die Butter bedecken. 15 Minuten bei Zimmertemperatur ruhen lassen. Die Arbeitsfläche erneut mit Mehl bestäuben und den Teig vorsichtig zu einem dicken Rechteck ausrollen. Dabei darauf achten, dass die Butter nicht auf den Seiten heraustritt. Das Rechteck längs vor sich hinlegen und in drei Teile teilen. Dafür das rechte Drittel nach links und das linke Drittel nach rechts klappen, sodass 3 Schichten entstehen. Den Teig um 90° drehen und nochmals vorsichtig zu einem Rechteck ausrollen. Wieder zu drei Schichten klappen und 15 Minuten ruhen lassen, diesmal im Kühlschrank. Den Vorgang mindestens noch viermal wiederholen, dabei den Teig zwischendurch immer 15 Minuten im Kühlschrank ruhen lassen. Vor dem Verarbeiten dünn ausrollen.

Schritt für Schritt zu den Pies

Mini-Pies in 5 Schritten

1 Wenn der Teig selbstgemacht sein soll, muss er rechtzeitig hergestellt werden. Denn er muss noch einige Zeit gekühlt werden und schön kalt sein, damit er leichter zu verarbeiten ist.

2 Den Teig immer auf einer mit Mehl bestäubten Arbeitsfläche ausrollen. Die Teigböden in den zu den Backformen passenden Größen ausschneiden. Sie sollten lieber etwas größer sein, man kann sie dann auch immer noch mit der Teigdecke verbinden, falls sie zu groß sind. Blätterteig und süßer Mürbeteig ziehen sich beim Backen auch noch etwas zusammen. Für die Teigdecke verwendet man am besten Ausstecher in der Größe der Backform oder man legt die Form umgedreht auf den Teig und schneidet mit einem Messer die Decke aus.

3 Die Formen mit Teig auslegen und diesen mit einer Gabel einstechen, damit er nicht zu sehr aufgeht und sich verformt. Die Füllung daraufgeben.

4 Die Teigdecke darauflegen und festdrücken. Dafür die Ränder mit verquirltem Eigelb bestreichen und mit den Fingerspitzen andrücken. Überstehenden Teig abschneiden (mit einer kleinen Küchenschere, das geht leichter). Die Pies mit Teig verzieren, entweder mit einem Teiggitter, mit ausgestochenen Formen, mit einem hübschen Rand oder mit anderen Dekorationselementen. Wenn die Teigdecke vollständig mit einer Verzierung bedeckt wird, sollte man dafür sorgen, dass der Dampf entweichen kann. Am besten steckt man dafür ein eingerolltes Stück Backpapier in die Mitte der Teigdecke.

5 Zum Schluss bestreicht man die Pie noch mit einem verquirlten und mit etwas Wasser vermischtem Eigelb, damit sie eine schöne goldene Farbe erhält. Dann kann sie in den Ofen geschoben werden!

35

Kastanienpies mit Champignons

Zubereitung: 10 Min. • Kochen und Backen: 35 Min.

Für 6 bis 8 Mini-Pies

3 Schalotten
300 g Champignons
200 g gekochte Kastanien (vakuumverpackt oder aus der Dose)
50 g Crème fraîche
500 g selbstgemachter Blätterteig (siehe S. 6) oder
2 Rollen Fertig-Blätterteig
1/2 Bund glatte Petersilie
1 verquirltes Eigelb, mit etwas Wasser verrührt
Butter
Salz und Pfeffer

1 Schalotten und Champignons in dünne Scheiben schneiden. Die Kastanien grob hacken. Die Schalotten in einer Pfanne in Butter glasig dünsten und die Champignons zufügen. Kastanien und Crème fraîche unterrühren, salzen und pfeffern. 10 Minuten bei milder Hitze köcheln lassen.

2 Inzwischen den Backofen auf 200 °C vorheizen. Den Teig auf einer bemehlten Arbeitsfläche ausrollen und daraus Kreise für die Böden und Decken der Formen ausstechen. Die Formen mit Teig auslegen und mit einer Gabel einstechen.

3 Nach dem Kochen die gehackte Petersilie zu den Champignons geben und die Mischung auf die Formen aufteilen. Dann die Pies mit einem Teigdeckel bedecken und diesen mit dem Rand verbinden. Überstehenden Teig abschneiden und die Pies einstechen, damit der Dampf entweichen kann. Mit Eigelb bestreichen und 25 Minuten backen.

Tomatenpies mit Parmesan

Zubereitung: 15 Min. • Backen: 3 Std. 25 Min.

Für 6 bis 8 Mini-Pies

300 g salziger Mürbeteig (siehe S. 6)
oder 1 Rolle Fertigteig
3 Eier
400 ml Sahne
100 g frisch geriebener Parmesan
3 Blätter Filoteig
Salz und Pfeffer

Für die Tomatenfüllung

500 g Kirschtomaten
Olivenöl
Fleur de Sel

1 Am Vorabend oder mindestens 3 Stunden vor dem Backen die Tomatenfüllung herstellen. Dafür die Kirschtomaten halbieren und auf ein mit Backpapier belegtes Backblech legen. Mit Olivenöl bestreichen und mit Fleur de Sel bestreuen. Bei 100 °C mindestens 3 Stunden im Backofen schmoren lassen.

2 Die Tomaten aus dem Ofen nehmen und die Temperatur auf 180 °C hochschalten. Den Teig auf einer bemehlten Arbeitsfläche ausrollen, Kreise für die Böden der Formen ausstechen und dabei noch Teigreste für die Dekoration zur Seite legen. Die Formen mit Teig auslegen und den Boden mit einer Gabel einstechen.

3 In einer Schüssel die Eier mit der Sahne und dem Parmesan verrühren, salzen und pfeffern. Die Mischung auf die Teigböden geben und die Tomaten darauflegen.

4 Aus den Filoteigblättern Kreise für die Decke ausschneiden und auf die Tomaten legen (damit es knuspriger wird, zwei Blätter übereinanderlegen). Mit Olivenöl bestreichen und die Pies nach Belieben mit den Teigresten aus dem Mürbeteig verzieren. 25 Minuten backen.

Hühnchenpies mit Lauch

Zubereitung: 25 Min. • Kochen und Backen: 35 Min.

Für 6 bis 8 Mini-Pies

2 Lauchstangen (die weißen Teile)
400 g Hühnerbrustfilet
100 ml trockener Weißwein
250 ml Sahne
500 g selbstgemachter Blätterteig (siehe S. 6) oder
2 Rollen Fertig-Blätterteig
1/2 Bund glatte Petersilie
1/2 Bund Schnittlauch
1 Ei
2 TL Mehl
1 verquirltes Eigelb, mit etwas Wasser verrührt
Butter
Salz und Pfeffer

1 Die weißen Teile des Lauchs waschen und in kleine Ringe schneiden. Mit Butter in einer Pfanne bei milder Hitze 5 bis 6 Minuten dünsten. Aus der Pfanne nehmen und zur Seite stellen.

2 Die Hühnerbrustfilets in dünne Scheiben schneiden und mit etwas Butter in der Pfanne 2 bis 3 Minuten anbraten. Wein, Sahne und den Lauch zufügen und weitere 5 Minuten schmoren. Die gehackten Kräuter hinzufügen, salzen und pfeffern.

3 Den Backofen auf 200 °C vorheizen. Den Teig auf einer bemehlten Arbeitsfläche ausrollen und daraus Kreise für die Böden und Decken der Formen ausstechen. Die Formen mit Teig auslegen und mit einer Gabel einstechen.

4 Die Hühnchenfüllung in die Formen geben und die Pies mit den Teigdecken schließen. Die Ränder der Böden und Decken zusammendrücken und überstehenden Teig abschneiden. Ein kleines Stück zusammengerolltes Backpapier hineinstecken. Mit Eigelb bestreichen und 25 Minuten backen. Sofort servieren.

Frischkäsepies mit Zucchini

Zubereitung: 15 Min. • Backen: 25 Min.

Für 6 bis 8 Mini-Pies

1 große Zucchini
500 g selbstgemachter salziger Mürbeteig (siehe S. 6) oder 2 Rollen Fertigteig
50 g Pinienkerne
3 Stiele Schnittlauch
250 g Brousse de brebis (provenzalischer Frischkäse)
1 verquirltes Eigelb, mit etwas Wasser verrührt
Olivenöl
Fleur de Sel

1 Den Backofen auf 250 °C vorheizen. Die Zucchini waschen und in Scheiben schneiden. Auf ein mit Backpapier ausgelegtes Backblech legen und mit Olivenöl bestreichen und Fleur de Sel bestreuen. Auf der obersten Schiebeleiste 5 bis 10 Minuten backen. Darauf achten, dass die Zucchini nicht zu dunkel werden und herausnehmen, wenn sie gebräunt sind.

2 Den Ofen auf 200 °C herunterschalten. Den Teig auf einer bemehlten Arbeitsfläche ausrollen, Kreise für die Böden der Formen ausstechen und in die Formen legen. Mit einer Gabel einstechen.

3 Die Pinienkerne in einer Pfanne ohne Fett rösten. Den Schnittlauch fein hacken und mit dem Frischkäse und den abgekühlten Pinienkernen vermischen. Die Mischung mit den Zucchini auf die Tarteböden geben. Mit dem restlichen Teig bedecken, entweder vollständig oder ähnlich wie auf dem Foto nur teilweise. Den Teig mit Eigelb bepinseln. 15 Minuten backen und lauwarm servieren.

Pies mit Feta und Spinat

Zubereitung: 15 Min. • Backen: 25 Min.

Für 6 bis 8 Mini-Pies

eine Handvoll Minzeblätter
75 g junger Spinat
250 g Feta
500 g selbstgemachter Blätterteig (siehe S. 6) oder 2 Rollen Fertig-Blätterteig
1 verquirltes Eigelb, mit etwas Wasser verrührt
Olivenöl
Pfeffer
Fleur de Sel

1 Den Backofen auf 180 °C vorheizen. Die Minzeblätter und den Spinat waschen, trocknen und beides sehr fein hacken. In einer Schüssel den Feta grob zerkleinern, 2 EL Olivenöl und etwas Pfeffer zugeben. Mit der Minze und dem Spinat vermischen.

2 Den Teig auf einer bemehlten Arbeitsfläche ausrollen. Kreise für die Böden ausschneiden und auf ein mit Backpapier belegtes Backblech legen. Mit einer Gabel einstechen und die Füllung daraufgeben. Die Teigränder frei lassen.

3 Aus dem übrigen Teig genauso große Kreise wie für die Teigböden ausstechen. Auf die Füllung legen und die Teigkreise an den Rändern zusammendrücken. Mit Eigelb bestreichen. 20 Minuten backen und anschließend lauwarm servieren.

Brasilianische Crevettenpies

ZUBEREITUNG: 40 MIN. • BACKEN: 20 MIN.

FÜR 6 BIS 8 MINI-PIES

FÜR DEN SALZIGEN MÜRBETEIG

100 g Maismehl
80 g Weizenmehl
100 g Butter
2 Eigelb

FÜR DIE FÜLLUNG

1 Zwiebel
1 Knoblauchzehe
300 g rohe Crevetten
30 g Tomatensoße
1 EL Speisestärke
100 ml Limettensaft
1/2 Bund glatte Petersilie
1 verquirltes Eigelb, mit etwas Wasser verrührt
Olivenöl
Salz und Pfeffer

1 Für den Teig die Mehlsorten mit der in Stücke geschnittenen Butter vermischen. Dann die Eigelbe zufügen und alles zu einem glatten Teig verkneten. 20 Minuten im Kühlschrank ruhen lassen.

2 Für die Füllung Zwiebel und Knoblauch hacken. In einer Pfanne die Zwiebel mit dem Knoblauch und den Crevetten in Olivenöl dünsten, bis die Crevetten eine rosa Farbe annehmen. Tomatensoße zufügen, salzen und pfeffern. Weitere 5 Minuten bei mittlerer Hitze köcheln lassen, dann die mit Limettensaft verrührte Speisestärke einrühren. Die Soße ein paar Minuten dicklich einkochen und dann die gehackte Petersilie zugeben. Vom Herd nehmen.

3 Den Backofen auf 180 °C vorheizen. Den Teig auf einer bemehlten Arbeitsfläche ausrollen und daraus Kreise für die Böden und Decken der Formen ausstechen. Die Formen mit Teig auslegen und mit einer Gabel einstechen.

4 Die Füllung in die Formen geben und die Teigdecke darauflegen. Die Ränder der Böden und Decken zusammendrücken und überstehenden Teig abschneiden. Mit Eigelb bestreichen. 20 Minuten backen.

Das Besondere an diesem Rezept ist, dass der Teig mit Maismehl zubereitet wird. Aber man kann die Pies auch mit einem klassischen salzigen Mürbeteig backen.

Steinpilzpies mit Foie gras

Zubereitung: 20 Min. • Kochen und Backen: 25 Min. • Ruhen: 1 Std.

Für 6 bis 8 Mini-Pies oder 15 ganz kleine Pies

500 g Steinpilze
3 Schalotten
300 g Foie gras
500 g selbstgemachter Blätterteig (siehe S. 6) oder 2 Rollen Fertig-Blätterteig
1 verquirltes Eigelb, mit etwas Wasser verrührt
Olivenöl
Salz und Pfeffer

1 Die Steinpilze putzen und zügig unter fließendem Wasser reinigen, anschließend in nicht zu große Stücke schneiden und in einer Pfanne dünsten, bis sich Flüssigkeit bildet. Abtropfen lassen und dann gut 5 Minuten in etwas Olivenöl zusammen mit den gehackten Schalotten anbraten. Zur Seite stellen.

2 Die Foie gras in kleine, etwa 1 cm große Stücke teilen.

3 Den Teig auf einer bemehlten Arbeitsfläche ausrollen und daraus Kreise für die Böden und Decken der Formen ausstechen. Die Formen mit Teig auslegen und mit einer Gabel einstechen. Die Foie gras und die abgekühlten Steinpilze daraufgeben (einige Steinpilze für die Dekoration zurückhalten). Salzen und pfeffern und dann die Teigdecke darauflegen. Die Ränder der Böden und Decken zusammendrücken und überstehenden Teig abschneiden. 1 Stunde kühl stellen.

4 Den Backofen auf 200 °C vorheizen. Die Pies aus dem Kühlschrank nehmen. Die Teigdecken ein paar Mal einschneiden und mit Eigelb bestreichen. 15 Minuten backen, bis die Pies goldbraun sind. Mit etwas Fleur de Sel bestreuen und lauwarm servieren.

Apfelpies mit Camembert

ZUBEREITUNG: 20 MIN. • KOCHEN UND BACKEN: 25 MIN.

FÜR 6 BIS 8 MINI-PIES

4 mittelgroße Äpfel (etwa 200 g pro Apfel)
20 g Butter
1 TL Calvados
1 Camembert
500 g selbstgemachter Blätterteig (siehe S. 6) oder 2 Rollen Fertig-Blätterteig
1 verquirltes Eigelb, mit etwas Wasser verrührt
Salz und Pfeffer

1 Den Backofen auf 200 °C vorheizen. Die Äpfel schälen und in nicht zu dünne Spalten schneiden. In einer Pfanne mit etwas Butter und Calvados 2 bis 3 Minuten dünsten, bis sie leicht gebräunt sind. Nach Belieben salzen und pfeffern, anschließend zur Seite stellen.

2 Den Camembert aus dem Kühlschrank nehmen (er sollte nicht zu weich sein, damit man ihn leichter schneiden kann), die Rinde abschneiden und in 5 mm dicke Scheiben schneiden.

3 Den Teig auf einer bemehlten Arbeitsfläche ausrollen und daraus Kreise für die Böden und Decken der Formen ausstechen. Die Formen mit Teig auslegen und mit einer Gabel einstechen.

4 Die Äpfel und den Camembert einfüllen und die Pies mit den Teigdecken schließen. Die Ränder der Böden und Decken zusammendrücken und überstehenden Teig abschneiden. Ein Stück zusammengerolltes Backpapier in die Mitte der Pies stecken. Mit Eigelb bestreichen und 20 bis 25 Minuten backen. Dabei regelmäßig kontrollieren, denn der Camembert und die Äpfel sollten nicht länger als nötig backen, nur bis der Blätterteig gar ist.

Variante: Bevor die Pies geschlossen werden, noch ein paar rosa Pfefferbeeren zufügen. Die passen besonders gut zu dem Käse.

Pies mit Lamm und Aubergine

Zubereitung: 20 Min. • Kochen und Backen: 55 Min.

Für 6 bis 8 Mini-Pies

2 Auberginen
1 Knoblauchzehe
300 g Lammfleisch
2 EL Tomatenmark
1 Dose geschälte Tomaten
1 Rosmarinzweig
500 g selbstgemachter salziger Mürbeteig (siehe S. 6)
oder 2 Rollen Fertigteig
1 verquirltes Eigelb, mit etwas Wasser verrührt
Olivenöl
Fleur de Sel und Pfeffer

1 Den Backofen auf 250 °C vorheizen. Die Auberginen in 1 cm dicke, runde Scheiben schneiden und auf ein mit Backpapier ausgelegtes Backblech legen. Mit Olivenöl begießen und Fleur de Sel bestreuen. Auf der obersten Leiste 10 bis 15 Minuten garen, bis die Auberginen gebräunt sind.

2 Knoblauch schälen und hacken. Das Lammfleisch im Mixer hacken. Die Auberginen in Würfel schneiden (eventuell ein paar für die Dekoration zur Seite legen). Das Lamm mit dem Knoblauch in Olivenöl bei starker Hitze anbraten. Nach ein paar Minuten Tomatenmark, geschälte Tomaten und gehackten Rosmarin unterrühren. Auberginenwürfel zufügen und die Temperatur herunterschalten. Noch 10 Minuten köcheln lassen.

3 Den Backofen auf 180 °C vorheizen. Den Teig auf einer bemehlten Arbeitsfläche ausrollen und daraus Kreise für die Böden der Formen ausstechen. Die Formen mit Teig auslegen und mit einer Gabel einstechen. Die Auberginenmischung daraufgeben. Den restlichen Teig für eine Dekoration ähnlich wie auf dem Foto zurechtschneiden. Die Pies mit den Auberginen und mit dem Teig hübsch dekorieren. An den Rändern den Teig der Böden und der Dekoration zusammendrücken und überstehenden Teig abschneiden. Mit Eigelb bestreichen und 25 Minuten backen.

Lachspies mit Dill

Zubereitung: 15 Min. • Backen: 25 Min.

Für 6 bis 8 Mini-Pies

3 Eier
400 ml Sahne
200 g frischer Lachs
1 kleiner Bund Dill
500 g selbstgemachter salziger Mürbeteig (siehe S. 6) oder 2 Rollen Fertigteig
1 verquirltes Eigelb, mit etwas Wasser verrührt
Salz und Pfeffer

1 Den Backofen auf 180 °C vorheizen. Die Eier in einer Schüssel verquirlen, die Sahne unterrühren, salzen und pfeffern. Den Lachs in kleine Würfel schneiden, Dill waschen und hacken und beides zur Eiermischung geben.

2 Den Teig auf einer bemehlten Arbeitsfläche ausrollen und daraus Kreise für die Böden und Decken der Formen ausstechen. Die Formen mit Teig auslegen und mit einer Gabel einstechen. Die Lachsfüllung daraufgeben und mit den Teigdecken schließen. Die Ränder der Böden und Decken zusammendrücken, überstehenden Teig abschneiden und die Pies oben einritzen.

3 Die Pies nach Belieben mit Teigresten dekorieren, zum Beispiel mit runden Teigscheiben. Anschließend den Teig mit Eigelb bestreichen und 25 Minuten backen.

Tipp: Die Backformen nicht bis zum Rand befüllen, sonst quellen die Pies über, weil sich eine Füllung auf Eierbasis während des Backens noch ausdehnt.

Hühnchenpies mit Zitrone

ZUBEREITUNG: 20 MIN. • KOCHEN UND BACKEN: 35 MIN.

FÜR 6 BIS 8 MINI-PIES

1 Knoblauchzehe
1 TL gemahlener Ingwer
1 TL Kurkuma
1 TL weißer Pfeffer
½ Bund glatte Petersilie
1 in Salz eingelegte Zitrone
400 g Hühnchenbrustfilet
200 g schwarze Oliven
500 g selbstgemachter salziger Mürbeteig (siehe S. 6)
oder 2 Rollen Fertigteig
1 verquirltes Eigelb, mit etwas Wasser verrührt
Olivenöl
Salz und Pfeffer

1 In einer Pfanne Olivenöl erwärmen. Den Knoblauch in dünne Scheiben schneiden und mit den Gewürzen und der gehackten Petersilie im Öl bei mittlerer Hitze dünsten. 200 ml Wasser zufügen, alles gut vermischen und 4 bis 5 Minuten einkochen lassen.

2 Inzwischen die Zitrone halbieren, das Fruchtfleisch mit einem Löffel herauslösen und die Schale in Spalten schneiden. Das Hühnchenfleisch in dünne Scheiben schneiden und mit dem Fruchtfleisch der Zitrone und den Oliven in die Pfanne geben. 5 Minuten schmoren, dann salzen und pfeffern.

3 Den Backofen auf 200 °C vorheizen. Den Teig auf einer bemehlten Arbeitsfläche ausrollen und daraus Kreise für die Böden und Decken der Formen ausstechen. Die Formen mit Teig auslegen und mit einer Gabel einstechen.

4 Die Hühnchenfüllung daraufgeben, die Zitronenspalten dazulegen und mit den Teigdecken schließen. Die Ränder der Böden und Decken zusammendrücken, überstehenden Teig abschneiden und ein zusammengerolltes Stück Backpapier in die Mitte der Teigdecke stecken. Mit Eigelb bestreichen und 25 Minuten backen. Sofort servieren.

Hinweis: Nach Belieben kann die Mürbeteigdecke auch durch Filoteig ersetzt werden. Dafür 6 Filoteigblätter einzeln je 10 Minuten kochen und auf die Pies legen.

Pies mit Rind und Paprika

Zubereitung: 20 Min. • Kochen und Backen: 40 Min.

Für 6 bis 8 Mini-Pies

3 Paprikaschoten
(1 grüne, 1 gelbe, 1 rote)
1 Zwiebel
1 Knoblauchzehe
400 g Rinderhackfleisch
1 TL Cayennepfeffer
500 g selbstgemachter Blätterteig
(siehe S. 6) oder 2 Rollen
Fertig-Blätterteig
1 verquirltes Eigelb, mit etwas
Wasser verrührt
Olivenöl
Salz und Pfeffer

1 Die Paprikaschoten 5 bis 10 Minuten unter den Backofengrill legen und regelmäßig wenden, bis sie gleichmäßig gegrillt sind. Aus dem Ofen nehmen und für 5 Minuten in einen Gefrierbeutel legen. Die Schale abziehen, die Kerne entfernen und in Streifen schneiden.

2 Den Backofen auf 180 °C vorheizen. Zwiebel und Knoblauch in dünne Scheiben schneiden. Das Öl in einer Pfanne erhitzen und beides darin andünsten, bis die Zwiebel leicht gebräunt ist. Das Hackfleisch zugeben, mit Cayennepfeffer, Salz und Pfeffer würzen und 5 Minuten bei mittlerer Hitze anbraten.

3 Den Teig auf einer bemehlten Arbeitsfläche ausrollen und daraus Kreise für die Böden und Decken der Formen ausstechen. Die Formen mit Teig auslegen und mit einer Gabel einstechen.

4 Eine Schicht Hackfleisch daraufgeben, mit ein paar Paprikastreifen bedecken und eine zweite Fleischschicht darauflegen. Mit den Teigdecken schließen. Die Ränder der Böden und Decken zusammendrücken, überstehenden Teig abschneiden. Die Teigdecke mit einem Messer einritzen und ein zusammengerolltes Stück Backpapier in die Mitte stecken. Mit Eigelb bestreichen und 25 Minuten backen.

Kürbispies mit Kürbiskernen

Zubereitung: 20 Min. • Kochen und Backen: 55 Min.

Für 6 bis 8 Mini-Pies

500 g Kürbis
(Muskat- oder Hokkaidokürbis)
500 g selbstgemachter salziger Mürbeteig (siehe S. 6)
oder 2 Rollen Fertigteig
100 ml Sahne
50 g Kürbiskerne
1 verquirltes Eigelb, mit etwas Wasser verrührt
Olivenöl
Butter
Salz und Pfeffer

1 Den Kürbis waschen und mit Schale in dicke Scheiben schneiden. Etwas Olivenöl und Butter in eine heiße Pfanne geben. Die Kürbisscheiben dazugeben und 15 Minuten anbraten, dabei regelmäßig wenden. Die Temperatur herunterschalten und den Kürbis weitere 15 bis 20 Minuten dünsten, bis er weich ist.

2 Den Backofen auf 180 °C vorheizen. Den Teig auf einer bemehlten Arbeitsfläche ausrollen und daraus Kreise für die Böden und Decken der Formen ausstechen. Die Formen mit Teig auslegen und mit einer Gabel einstechen.

3 Den Kürbis mit der Schale pürieren. Sahne, Kürbiskerne und Salz unterrühren. Gut mischen und auf die Pieböden verteilen. Mit den Teigdecken schließen. Die Ränder der Böden und Decken zusammendrücken, überstehenden Teig abschneiden und die Teigdecke mit einem Messer einritzen. Mit Eigelb bestreichen und 25 Minuten backen. Heiß servieren.

Man kann die Mini-Pies auch mit Speckscheiben dekorieren, indem man sie anstatt mit einer Teigdecke mit Speck- und Teigstreifen bedeckt. Wenn der Speck zu schnell dunkel wird, deckt man die Pies am besten mit Alufolie ab.

Speckpies mit Ratatouille

Zubereitung: 30 Min. • Kochen und Backen: 55 Min.

Für 6 bis 8 Mini-Pies

12 Scheiben geräucherter Speck
1 Aubergine
1 große Zucchini (oder 2 kleine)
1 rote Paprikaschote
1 Tomate
1 Knoblauchzehe
1 Zwiebel
500 g selbstgemachter salziger Mürbeteig (siehe S. 6) oder 2 Rollen Fertigteig
1 EL Tomatenmark
1 Zweig Rosmarin
1 Zweig Thymian
1 Lorbeerblatt
1 verquirltes Eigelb, mit etwas Wasser verrührt
Olivenöl
Salz und Pfeffer

1 Die Speckscheiben in einer Pfanne anbraten. Zur Seite stellen.

2 Das Gemüse in Würfel schneiden. Knoblauch pellen. Die Zwiebel in dünne Scheiben schneiden und in einer Pfanne mit etwas Olivenöl und Salz glasig braten. Anschließend Tomatenmark und Gemüsewürfel zugeben. 5 bis 6 Minuten bei mittlerer Hitze anbraten, dann Kräuter und Knoblauch zufügen. Salzen, pfeffern und 15 Minuten bei milder Hitze schmoren lassen. Dann die Speckscheiben zugeben und weitere 5 Minuten schmoren.

3 Den Backofen auf 180 °C vorheizen. Den Teig auf einer bemehlten Arbeitsfläche ausrollen und daraus Kreise für die Böden der Formen ausstechen. Die Formen damit auslegen, mit einer Gabel einstechen und das Ratatouille darauf verteilen.

4 Den übrigen Teig in Streifen schneiden und gitterförmig auf die Pies legen (siehe Foto). Die Ränder festdrücken und den Teig mit Eigelb bestreichen. 30 Minuten backen.

Karottenpies mit roten Linsen

* *

ZUBEREITUNG: 20 MIN. • KOCHEN UND BACKEN: 45 MIN.

* *

FÜR 6 BIS 8 MINI-PIES

300 g rote Linsen
3 große Karotten
50 g Crème fraîche
2 TL Kreuzkümmel
1 TL gemahlener Ingwer
500 g selbstgemachter salziger Mürbeteig (siehe S. 6)
oder 2 Rollen Fertigteig
1 verquirltes Eigelb, mit etwas Wasser verrührt
Salz und Pfeffer

1 Die Linsen und die geschälten Karotten in zwei verschiedenen Töpfen jeweils in kochendem Wasser kochen. Die Linsen nach 20 Minuten abtropfen lassen und mit einem Messer prüfen, ob die Karotten weich sind.

2 Den Backofen auf 180 °C vorheizen. Die Karotten und Linsen mit einer Gabel grob zerkleinern, Crème fraîche und die Gewürze zufügen, salzen und pfeffern.

3 Den Teig auf einer bemehlten Arbeitsfläche ausrollen und daraus Kreise für die Böden und Decken der Formen ausstechen. Die Formen mit Teig auslegen und mit einer Gabel einstechen.

4 Das Püree auf den Pieböden verteilen und die Teigdecken darauflegen. Die Ränder der Böden und Decken zusammendrücken, überstehenden Teig abschneiden und die Teigdecke mit einem Messer einritzen. Mit Eigelb bestreichen und 25 Minuten backen.

Kartoffelpies mit Reblochon

ZUBEREITUNG: 10 MIN. • BACKEN: 30 MIN.

FÜR 6 BIS 8 MINI-PIES

2 große Kartoffeln, festkochend
200 g Reblochon
500 g selbstgemachter Blätterteig (siehe S. 6) oder 2 Rollen Fertig-Blätterteig
1 verquirltes Eigelb, mit etwas Wasser verrührt
Salz und Pfeffer

1 Den Backofen auf 200 °C vorheizen. Die Kartoffeln schälen und hobeln. Den Käse in 5 mm dicke Scheiben schneiden.

2 Den Teig auf einer bemehlten Arbeitsfläche ausrollen und daraus Kreise für die Böden und Decken der Formen ausstechen. Die Formen mit Teig auslegen und mit einer Gabel einstechen.

3 Kartoffeln auf die Teigböden geben, salzen, pfeffern und dann die Käsescheiben darauf verteilen. Eine weitere Schicht Kartoffeln darübergeben. Die Teigdecken darauflegen, die Ränder der Böden und Decken zusammendrücken, überstehenden Teig abschneiden. Ein Stück zusammengerolltes Backpapier in die Mitte der Pies stecken. Mit Eigelb bestreichen und 20 bis 25 Minuten backen. Nach Belieben die Pies mit Kreuzkümmel bestreuen.

Variante: Speck zugeben.

Erdnusspies mit Schweinefleisch

Zubereitung: 20 Min. • Backen: 30 Min.

Für 6 bis 8 Mini-Pies

400 g Vorderrippe vom Schwein, ohne Knochen
1 Knoblauchzehe
3 cm frischer Ingwer
1 Bund Koriander
100 g ungesalzene Erdnüsse
1 TL mildes Paprikapulver
Saft von 1 Limette
500 g selbstgemachter salziger Mürbeteig (siehe S. 6) oder 2 Rollen Fertigteig
1 verquirltes Eigelb, mit etwas Wasser verrührt
Salz

1 Den Backofen auf 200 °C vorheizen. Das Fleisch in kleine Stücke schneiden, den Knoblauch pellen. Den Ingwer schälen und reiben. Alles zusammen mit dem Koriander, den Erdnüssen, dem Paprikapulver und Limettensaft in einem Mixer zu einer geschmeidigen Masse pürieren. Gegebenenfalls nachwürzen.

2 Den Teig auf einer bemehlten Arbeitsfläche ausrollen und daraus Kreise für die Böden und Decken der Formen ausstechen. Die Formen mit Teig auslegen und mit einer Gabel einstechen.

3 Die Fleischmasse auf die Pieböden verteilen und mit den Teigdecken schließen. Die Ränder der Böden und Decken zusammendrücken, überstehenden Teig abschneiden und die Teigdecke mit einem Messer einritzen. Mit Eigelb bestreichen und 30 Minuten backen.

Kirschpies

Zubereitung: 15 Min. • Kochen und Backen: 35 Min.

Für 6 bis 8 Mini-Pies

1 kg Kirschen
150 g Zucker
2 TL Maismehl
60 g Butter
1 TL Zitronensaft
500 g selbstgemachter süßer Mürbeteig (siehe S. 6) oder 2 Rollen Fertigteig
1 verquirltes Eigelb, mit etwas Wasser verrührt

1 Den Backofen auf 180 °C vorheizen. Die Kirschen entsteinen und mit dem Zucker, dem Maismehl, der Butter, dem Zitronensaft und 2 TL Wasser in einen Topf geben. Vermischen und langsam zum Kochen bringen. 2 bis 3 Minuten dicklich einkochen.

2 Den Teig auf einer bemehlten Arbeitsfläche ausrollen und daraus Kreise für die Böden und Decken der Formen ausstechen. Die Formen mit Teig auslegen und mit einer Gabel einstechen. Den Kirschkompott daraufgeben.

3 Die Pies mit den Teigdecken schließen und nach Belieben mit Teigelementen verzieren (Vorsicht, die Früchte ziehen viel Wasser). Die Ränder der Böden und Decken zusammendrücken, überstehenden Teig abschneiden und mit Eigelb bestreichen. 30 Minuten backen.

Karamellpies mit gesalzener Butter

Zubereitung: 15 Min. • Kochen und Backen: 30 Min. • Ruhen: 6 Std.

Für 6 bis 8 Mini-Pies

500 g selbstgemachter süßer Mürbeteig (siehe S. 6) oder 2 Rollen Fertigteig
1 verquirltes Eigelb, mit etwas Wasser verrührt
250 g Zucker
100 g leicht gesalzene Butter
300 ml Sahne
2 Blätter Gelatine

1 Den Backofen auf 180 °C vorheizen. Den Teig auf einer bemehlten Arbeitsfläche ausrollen und daraus Kreise für die Böden der Formen ausstechen. Die Formen mit Teig auslegen, Backpapier und getrocknete Hülsenfrüchte darauflegen. Aus dem übrigen Teig die Teigdecken ausschneiden und diese in eine Gitterform schneiden. Alternativ kann man auch Teigstreifen ausschneiden und diese ähnlich wie auf dem Foto gitterartig anordnen. Die Teigdecken mit Eigelb bestreichen und auf Backpapier legen. Mit den Pieformen 20 bis 25 Minuten backen.

2 Die Gelatine in kaltem Wasser einweichen. Den Zucker bei mittlerer Hitze in einem Topf erwärmen, nicht rühren. Wenn der Sirup bräunlich wird, den Topf vom Herd nehmen und die in Stücke geschnittene Butter vorsichtig unterrühren (die Butter kann spritzen, wenn man sie dazugibt).

3 In einem anderen Topf die Sahne mit der Gelatine 2 bis 3 Minuten erwärmen, bis sich die Gelatine auflöst. Dabei ständig rühren. Zur Butter-Karamell-Masse geben und alles unter ständigem Rühren bei milder Hitze erwärmen, bis eine glatte Masse entsteht. Abkühlen lassen und in die Pieformen füllen. Die Teigdecken darauflegen. Mindestens 6 Stunden im Kühlschrank kühlen, bis der Karamell fest wird. 20 Minuten vor dem Verzehr herausnehmen.

Diese Mini-Pie ist eigentlich keine „echte" Pie, weil die Füllung nicht mit dem Teig zusammen gebacken wird. Aber die Teigdecke ist sehr knusprig und passt gut zu der cremigen Tarte.

Pistazienpies mit Himbeeren

Zubereitung: 15 Min. • Backen: 30 Min.

Für 6 bis 8 Mini-Pies

250 g ungesalzene Pistazien, geschält
120 g Puderzucker
3 Eiweiß
1 Prise Salz
500 g selbstgemachter süßer Mürbeteig (siehe S. 6) oder 2 Rollen Fertigteig
250 g Himbeeren
1 verquirltes Eigelb, mit etwas Wasser verrührt

1 Den Backofen auf 180 °C vorheizen. Die Pistazien im Mixer mit dem Puderzucker hacken, dann 1 EL Wasser und 1 Eiweiß zufügen. Weitermixen, bis die Masse sämig ist. Die beiden anderen Eiweiße mit dem Salz zu steifem Schnee schlagen und vorsichtig unter die Pistazienmasse ziehen.

2 Den Teig auf einer bemehlten Arbeitsfläche ausrollen und daraus Kreise für die Böden und Decken der Formen ausstechen. Die Formen mit Teig auslegen und mit einer Gabel einstechen. Die Pistazienmasse daraufgeben und mit Himbeeren bedecken.

3 Die Pies mit den Teigdecken schließen, dabei den mittleren Bereich freilassen (siehe Foto). Die Ränder der Böden und Decken zusammendrücken, überstehenden Teig abschneiden und mit Eigelb bestreichen. 30 Minuten backen. Die noch lauwarmen Pies mit Puderzucker bestreuen.

Apfelpies

ZUBEREITUNG: 40 MIN. • KOCHEN UND BACKEN: 50 MIN.

FÜR 6 BIS 8 MINI-PIES

1 kg Äpfel
25 g Butter
2 Päckchen Vanillezucker
1 TL gemahlener Zimt
1 verquirltes Eigelb, mit etwas Wasser verrührt

FÜR DEN SÜSSEN MÜRBETEIG

280 g Mehl
110 g Zucker
40 g gemahlene Mandeln
1 Prise Salz
150 g weiche Butter
1 Ei

1 Den Teig zubereiten. Mehl, Zucker, Mandeln und Salz mischen. In die Mitte eine Vertiefung drücken, die in kleine Stücke geschnittene Butter hineingeben und mit den Händen vermischen. Das geschlagene Ei zugeben und zu einem glatten Teig verkneten. Zu einer Kugel formen und in Frischhaltefolie gewickelt 30 Minuten kalt stellen.

2 Inzwischen die Äpfel schälen und in 3 mm dicke Scheiben schneiden. Mit Vanillezucker und Zimt in der Butter anbräunen. Abdecken und 15 Minuten bei milder Hitze dünsten.

3 Den Backofen auf 180 °C vorheizen. Den Teig auf einer bemehlten Arbeitsfläche ausrollen und daraus Kreise für die Böden und Decken der Formen ausstechen. Die Formen mit Teig auslegen und mit einer Gabel einstechen.

4 Die gedünsteten Äpfel daraufgeben und die Pies mit den Teigdecken schließen. Die Ränder der Böden und Decken zusammendrücken, überstehenden Teig abschneiden und mit Eigelb bestreichen. In der Mitte einschneiden. 35 Minuten backen.

Erdbeer-Rhabarber-Pies

Zubereitung: 30 Min. • Kochen und Backen: 45 Min.

Für 6 bis 8 Mini-Pies

5 große Rhabarberstangen
100 g brauner Zucker
1 Päckchen Vanillezucker
300 g Erdbeeren
500 g selbstgemachter süßer Mürbeteig (siehe S. 6) oder 2 Rollen Fertigteig
1 verquirltes Eigelb, mit etwas Wasser verrührt
Zucker

1 Falls möglich, den Rhabarber schon am Vorabend vorbereiten, damit die Säure entweichen kann. Die Stängel schälen, in kleine Stücke schneiden und mit Zucker bestreuen. Eine Nacht ziehen lassen.

2 Am nächsten Tag den Backofen auf 180 °C vorheizen. Den Rhabarber mit dem braunen Zucker und Vanillezucker in einen Topf geben und bei mittlerer Hitze 5 Minuten kochen, dann bei milder Hitze noch weitere 20 Minuten, bis er weich ist. Inzwischen die Erdbeeren, waschen, entstielen und in Stücke schneiden.

3 Den Teig auf einer bemehlten Arbeitsfläche ausrollen und daraus Kreise für die Böden der Formen ausstechen, die Formen mit Teig auslegen und mit einer Gabel einstechen.

4 Die Erdbeeren vorsichtig unter den gekochten Rhabarber mischen und die Mischung auf die Teigböden verteilen. Aus den Teigresten mit einem Ausstecher Teigdecken in der Größe der Formen oder kleinere Verzierungen ausstechen, sodass die Füllung noch zu sehen ist. Auf die Rhabarbermischung legen, mit Eigelb bestreichen und mit Zucker bestreuen. 25 Minuten backen.

Mangopies mit Kokos

Zubereitung: 20 Min. • Backen: 25 Min.

Für 6 bis 8 Mini-Pies

2 Eier
100 g brauner Zucker
200 g Mascarpone
15 g Speisestärke
100 g Kokosraspel
1 Mango
500 g selbstgemachter süßer Mürbeteig (siehe S. 6) oder 2 Rollen Fertigteig
1 verquirltes Eigelb, mit etwas Wasser verrührt

1 Den Backofen auf 200 °C vorheizen. Die Eier mit dem braunen Zucker zu einer hellen Masse schlagen. Mascarpone, Speisestärke und Kokosraspel zufügen und alles zu einer Creme verrühren. Mango schälen und in Scheiben schneiden.

2 Den Teig auf einer bemehlten Arbeitsfläche ausrollen und daraus Kreise für die Böden der Formen ausstechen, die Formen mit Teig auslegen und mit einer Gabel einstechen.

3 Die Kokoscreme daraufgeben und die Mangoscheiben darauf verteilen. Mit dem übrigen Teig bedecken, entweder vollständig oder auch mit kleineren, ausgestochenen Formen. Mit Eigelb bestreichen und 25 Minuten backen.

Nusspies mit Pfirsich

Zubereitung: 25 Min. • Backen: 25 Min.

Für 6 bis 8 Mini-Pies

300 g frische Pfirsiche oder
1 Dose eingelegte Pfirsiche
10 g Butter
2 Päckchen Vanillezucker
200 g Crème fraîche
1 Vanilleschote
100 g Zucker
2 Eier
100 g Haselnüsse
500 g selbstgemachter
süßer Mürbeteig (siehe S. 6)
oder 2 Rollen Fertigteig
1 verquirltes Eigelb, mit etwas
Wasser verrührt

1 Die Pfirsiche vierteln. Die Butter in einem Topf schmelzen, Vanillezucker und dann die Pfirsichviertel zugeben und bei milder Hitze 20 Minuten karamellisieren.

2 Den Backofen auf 180 °C vorheizen. Die Vanilleschote längs aufschneiden und das Innere auskratzen. Mit der Crème fraîche, dem Zucker und den Eiern verrühren. Die Haselnüsse grob hacken und hinzufügen.

3 Den Teig auf einer bemehlten Arbeitsfläche ausrollen und daraus Kreise für die Böden der Formen ausstechen, die Formen mit Teig auslegen und mit einer Gabel einstechen.

4 Die Nusscreme in die Formen füllen und die karamellisierten Pfirsiche vorsichtig darauflegen. Ganz oder teilweise mit dem übrigen Teig bedecken. Mit Eigelb bestreichen und 25 Minuten backen.

Heidelbeerpies mit Vanille

Zubereitung: 15 Min. • Backen: 35 Min.

Für 6 bis 8 Mini-Pies

1 Vanilleschote
120 g brauner Zucker
500 g Heidelbeeren
30 g Mehl
Saft einer halben Zitrone
500 g selbstgemachter süßer Mürbeteig (siehe S. 6) oder 2 Rollen Fertigteig
1 verquirltes Eigelb, mit etwas Wasser verrührt

1 Den Backofen auf 180 °C vorheizen. Die Vanilleschote längs aufschneiden und mit einem Messer das Innere auskratzen. Mit dem braunen Zucker vermischen und die gewaschenen, vorsichtig abgetrockneten Heidelbeeren, das Mehl und den Zitronensaft unterrühren.

2 Den Teig auf einer bemehlten Arbeitsfläche ausrollen und daraus Kreise für die Böden der Formen ausstechen, die Formen mit Teig auslegen und mit einer Gabel einstechen.

3 Die Heidelbeermischung darauf verteilen. Aus dem übrigen Teig beliebige Formen ausstechen und die Pies damit bedecken. Die Teigdecken und die Böden an den Rändern festdrücken. Mit Eigelb bestreichen, eventuell mit Vanillezucker bestreuen und 30 bis 35 Minuten backen.

Erdnussbutterpies

ZUBEREITUNG: 15 MIN. • BACKEN: 25 MIN.

FÜR 6 BIS 8 MINI-PIES

2 Eier
100 g brauner Zucker
50 g Speisestärke
500 g selbstgemachter süßer Mürbeteig (siehe S. 6) oder 2 Rollen Fertigteig
200 g Erdnussbutter
1 verquirltes Eigelb, mit etwas Wasser verrührt

1 Den Backofen auf 180 °C vorheizen. Die Eier trennen und die geschlagenen Eigelbe mit dem braunen Zucker und der Speisestärke verquirlen. Die Eiweiße zu steifem Schnee schlagen und vorsichtig unter die Erdnussbutter ziehen. Diese Masse vorsichtig unter die Eigelbmasse heben.

2 Den Teig auf einer bemehlten Arbeitsfläche ausrollen und daraus Kreise für die Böden und Decken der Formen ausstechen. Die Formen mit Teig auslegen und mit einer Gabel einstechen.

3 Die Erdnussbuttercreme hineinfüllen und die Pies mit den Decken verschließen. Die Ränder der Böden und Decken zusammendrücken, überstehenden Teig abschneiden und mit Eigelb bestreichen. 25 Minuten backen.

Schokoladenpies mit Birne

Zubereitung: 20 Min. • Backen: 30 Min.

Für 6 bis 8 Mini-Pies

100 g dunkle Schokolade
50 g Crème fraîche
50 g brauner Zucker
1 Ei
500 g selbstgemachter süßer Mürbeteig (siehe S. 6) oder 2 Rollen Fertigteig
4 Birnen (etwa 500 g)
1 verquirltes Eigelb, mit etwas Wasser verrührt

1 Den Backofen auf 180 °C vorheizen. Die Schokolade im Wasserbad schmelzen, vom Herd nehmen und abkühlen lassen. Dann die Crème fraîche, den braunen Zucker und das geschlagene Ei unterrühren. Gut mischen.

2 Den Teig auf einer bemehlten Arbeitsfläche ausrollen und daraus Kreise für die Böden der Formen ausstechen, die Formen mit Teig auslegen und mit einer Gabel einstechen.

3 Die Birnen schälen und in Stücke oder Scheiben schneiden und auf die Tarteböden legen (eventuell die Birnen mit Zitronensaft beträufeln, damit sie nicht dunkel werden).

4 Die Schokoladenmischung über die Birnen gießen und mit dem übrigen Teig bedecken, entweder vollständig oder mit einem Teiggitter, ähnlich wie auf dem Foto. Wenn die Pies mit einer geschlossenen Teigdecke versehen werden, muss in die Mitte ein zusammengerolltes Stück Backpapier gesteckt werden. Mit Eigelb bestreichen und 30 Minuten backen.

Pecannusspies mit Ahornsirup

Zubereitung: 15 Min. • Backen: 30 Min.
Ruhen: 1 Std.

Für 6 bis 8 Mini-Pies

150 g brauner Zucker
50 g Mehl
2 Eier
80 g Butter
200 ml Ahornsirup
100 g Pecannüsse
500 g selbstgemachter süßer Mürbeteig (siehe S. 6) oder 2 Rollen Fertigteig
1 verquirltes Eigelb, mit etwas Wasser verrührt

1 Den Backofen auf 180 °C vorheizen. Den braunen Zucker, das Mehl und die verquirlten Eier verrühren. Die Butter schmelzen und zufügen, dann den Ahornsirup unterrühren. Die Pecannüsse grob hacken und unter die Masse geben.

2 Den Teig auf einer bemehlten Arbeitsfläche ausrollen und daraus Kreise für die Böden und Decken der Formen ausstechen. Die Formen mit Teig auslegen und mit einer Gabel einstechen.

3 Die Füllung daraufgeben und die Pies mit den Teigdecken schließen. Die Ränder der Böden und Decken zusammendrücken, überstehenden Teig abschneiden und mit Eigelb bestreichen. 30 Minuten backen. Vor dem Verzehr mindestens 1 Stunde ruhen lassen.

Pies mit Zitronenbaiser

ZUBEREITUNG: 40 MIN. • BACKEN: 25 BIS 30 MIN.

FÜR 6 BIS 8 MINI-PIES

500 g selbstgemachter süßer Mürbeteig (siehe S. 6) oder 2 Rollen Fertigteig
1 verquirltes Eigelb, mit etwas Wasser verrührt
2 unbehandelte Zitronen
1 Baiser (aus der Konditorei)
3 Eier
60 g weiche Butter
100 g Puderzucker
Zucker zum Bestreuen

1 Den Backofen auf 180 °C vorheizen. Den Teig auf einer bemehlten Arbeitsfläche ausrollen und daraus Kreise für die Böden der Formen ausstechen, die Formen mit Teig auslegen. Mit Backpapier und getrockneten Hülsenfrüchten belegen. Aus dem übrigen Teig beliebige Formen für die Teigdecke ausstechen. Diese mit Eigelb bestreichen und Zucker bestreuen. Die Teigböden und -decken 20 bis 25 Min. backen und darauf achten, dass die Decken nicht zu dunkel werden.

2 Inzwischen die Zitronen waschen, die Schalen abreiben und den Saft auspressen. Beides mit den übrigen Zutaten vermischen und in einem Wasserbad zum Kochen bringen, dabei beständig rühren. Vom Herd nehmen, das Baiser grob zerkleinern und zur Creme geben. Die Masse auf den Tarteböden verteilen.

3 Die Teigdecken darauflegen und mit Baiserstücken dekorieren.

Hinweis: Da die Teigböden und -decken separat gebacken werden, ist dies keine echte Pie. Aber die knusprige Teigdecke ist ein guter Vorwand, diese Zitronentarte als Pie zu bezeichnen...

Orientalische Mandelpies

Zubereitung: 15 Min. • Backen: 40 Min.

Für 6 bis 8 Mini-Pies

250 g geschälte Mandeln
250 g Zucker
5 Eier
150 g weiche Butter
1 EL Orangenblütenwasser
500 g selbstgemachter Blätterteig (siehe S. 6) oder 2 Rollen Fertig-Blätterteig
1 verquirltes Eigelb, mit etwas Wasser verrührt

1 Den Backofen auf 220 °C vorheizen. Die Mandeln in einem Mixer mit dem Zucker klein hacken, dann nach und nach die Eier und anschließend die weiche Butter und das Orangenblütenwasser zugeben. Alles zu einer glatten Masse verrühren.

2 Den Teig auf einer bemehlten Arbeitsfläche ausrollen und daraus Kreise für die Böden und Decken der Formen ausstechen. Die Formen mit Teig auslegen und mit einer Gabel einstechen.

3 Die Mandelcreme bis 1 cm unter den Rand daraufgeben und die Pies mit den Teigdecken schließen. Die Ränder der Böden und Decken zusammendrücken, überstehenden Teig abschneiden und mit Eigelb bestreichen. 40 Minuten backen.

Genehmigte Lizenzausgabe für die **garant** Verlag GmbH,
Benzstraße 56, 71272 Renningen, Deutschland
www.garant-verlag.de

Deutsche Übersetzung: Dr. Katrin Korch, Baden-Baden

Satz: Martin Jablonka, Rastatt

Die Übersetzung des Titels wurde nach Vereinbarungen mit Larousse produziert.

ISBN: 978-3-7359-1115-5